10分钟超级名模美瘦操

（韩）表英珠 著 沈言希 译

江苏科学技术出版社 凤凰含章

送给想要通过练习瑜伽变得更美的你

第一本书籍出版后，得到了大家出乎意料的热烈支持与反应，让我感到无比地幸福。“通过一些简单的动作，就能矫正错误的姿势、让自己容光焕发，也能促进新陈代谢、排除体内毒素、让心灵获得平衡与舒缓等。”每当读到读者这样写来的感谢信时，我内心充满了愉悦感，也感觉自己之前的辛苦都是值得的。

但也有一些读者反映：书中的动作过于复杂，导致练习兴趣缺乏，耐心与持续性随后就会下降，倘若如此，不仅无法消除身体沉重或肩膀酸痛症状，反而会因预期之外的运动量而影响睡眠。这令我陷入了意想不到的苦恼中。原以为书中的动作简单，让人一学就能轻松跟着做，没想到却让人觉得复杂又乏味……

瑜伽是一种普遍受到大众认可的身体锻炼法，好莱坞明星热衷通过瑜伽保持身材与健康。近 10 年来，许多人也逐渐爱上了这项运动，几乎到处都有专门练习瑜伽的机构。不过对一般大众而言，瑜伽里的那些专有名字依然相当陌生，例如：依动作内容可分为 Healing Yoga、Hot Yoga、Power Yoga 等多样化的分类。

瑜伽是从约 6000 年前的印度修行者那里流行下来的，Yoga 一词源于 yuj，有结合之意，指小宇宙（自我）和大宇宙（世界）合二为一。在众多的支派与类别中，全世界的瑜伽修行者大致分为哈达（Hatha）瑜伽与拉加（Raja）瑜伽两大派。虽然最终目标都是让身心灵合一，但拉加瑜伽比较重视冥想，哈达瑜伽则比较重视身体锻炼。

大部分的瑜伽教学，多以强调身体动作的哈达瑜伽为主。而哈达瑜伽又依动作内容、修炼目标的不同，可以分为 Sivananda、Ashtanga Vinyasa、Bikram、Iyengar 等各种类型。

如果非要说瑜伽的优点与效果，恐怕一天都说不完：矫正体型、增强体力、强化心肺功能、锻炼柔软度与肌耐力、提升专注力、促进新陈代谢、调节自主神经、维持肌肉关节柔软度、排除毒素与体内废弃物、维持身材苗条、舒缓身心疲劳、消除压力。

这么多优点的瑜伽运动，如果能学得简单又有趣，那该多好啊……

这也是《10 分钟超级名模美瘦操》的最大目的。因为之前介绍的动作过于复杂无趣，最后放弃运动又回到昔日生活的读者们，也能在这本书中找到解决方法。我考虑到那些生活忙碌无法报瑜伽练习课程的人，这次我为她们介绍了各种简单有趣、效果显著又符合潮流的简单入门瑜伽练习方法。

《10 分钟超级名模美瘦操》所介绍的动作，都是一些在家就能穿着睡衣轻松学会的简单动作，就算从未接触过瑜伽的人也能轻松自如地练习这些运动招式。这本主要介绍：消除每日疲劳的每日瘦身操；塑造腹部、胸部、臀部、大腿以及小腿富有弹性及均匀线条的美体操；减轻肩膀、颈部、背部、腰、骨盆以及小腿酸痛的治愈操；以及可以简单利用床、桌子以及书桌等道具来伸展身体的舒展操。可以说这是一本专为想学瑜伽又害怕复杂的人准备的入门瑜伽速成宝典。无论你是工作繁忙、压力大的白领上班族，是一整天坐在书桌前学习的学生，还是正在成长的孩子，或是姿势、习惯不正确的主妇，都能藉此书释放压力、得到放松，维持健康并保持美丽。

表英珠

{每日瘦身操}

每晚睡前你只需花上10分钟，就能让第二天的自己精神饱满又容光焕发。

整个运动的名称及效果

每个运动的全顺序图示

{美体操}

让腹部、腰部、胸部、大腿、小腿等女性最在意的部位保持匀称且富有弹性。接在每日瘦身操之后，集中锻炼某个部位，就会越来越满意自己的身材曲线。

可替代该动作的简易版本示范

容易发生的错误动作示范

{治愈操}

舒缓并释放肩膀、脖子、背部、臀部、腰部、小腿等容易紧绷酸痛的部位，可接在每日瘦身操动作之后练习。针对最不舒服的部位进行伸展，这样身体就会逐渐轻盈舒畅。

{道具舒展操}

利用家中的椅子、书桌、床铺等生活工具来练习瑜伽，达到舒缓以及伸展效果。完全不需要另外准备道具，只需在睡前，利用身边的家具进行即可，就这样身体轻松变柔软，人也开始变美变健康。

Part 1 睡前10分钟，每日瘦身操

塑造匀称动人体形的美体操

让身体健康富有活力的治愈操

Part 4 放松身体的道具舒展操

Part 1

睡前 10 分钟，每日瘦身操

——让明天的自己更美

利用晚上睡前的 10 分钟，穿着睡衣做一做每日瘦身操，就能轻松变瘦变美。只要不间断地按照书中的方法练习，每日都能让身体得到放松，短短一个月，就能看见不一样的自己。

什么是每日瘦身操

一提到瑜伽，大家脑海中是否首先就会想到要穿着整套的瑜伽服，在大自然中做出伸展动作的画面呢？还是会想到带有神秘色彩的冥想呢？甚至是什么都不吃的修行者？虽然随着瑜伽运动的逐渐普及，上述的偏见也在慢慢地消失，但仍有不少人还认为练习瑜伽是一种遥不可及又复杂困难的事情。毕竟，投入瑜伽课程或健身房的费用与时间，对于一般的上班族而言，依然是一笔负担。其实学瑜伽并没有那么困难，它也可以很简单，只要在能力范围内持续练习就能收获到不错的效果。现在无论你有多忙，都可以利用睡前几分钟的时间练习简易的瑜伽动作，这就是睡衣瑜伽的最高宗旨，也是我要研发每日瘦身操的目的。

每日瘦身操的特性

1. 所做的动作简易轻松。
2. 无须任何事前准备，穿着睡衣就能运动。
3. 专为忙碌的上班族设计，仅需 10~20 分钟即能达到全身运动之效。
4. 全面的锻炼效果以及部分分类。在运动之余，还能享受维持身材的乐趣。
5. 活用书桌、椅子等工具，降低动作的困难度。
6. 专栏形式的说明，介绍了现代人容易发生的状况与对应的解决方式。
7. 清晰明了的步骤分析示范，即使没有随身教练，也能轻松练习。
8. 特别附上常见错误动作纠正方法，以及可代替较高难度动作的初级动作示范。

练习每日瘦身操的注意事项

轻松自然地呼吸

一般的瑜伽书籍中，总会写着吸气几秒钟、再吐气几秒钟，或要闭气几秒钟等内容。但光是“呼吸”这门课程，就必须经过长时间的练习，错误的呼吸方式反而会让身体承受不必要的紧张。因此，本书所介绍的瘦身操不仅动作简易，也提倡自然轻松的呼吸方式。在做动作期间，只要自然呼吸 3~5 次，再恢复到原来状态即可。待动作内容变得熟练习惯，呼吸也比较轻松自在时，再逐步增加呼吸次数并延长时间。

避免不必要的紧张

随着社会的高速发展，现代人的生活越来越舒适安逸，因此也减少了运动量，导致身体出现过度僵硬的现象。每日瘦身操能让脖子、肩膀、背部以及腰部等长期紧张与酸痛的部位，获得完全的舒展与伸展。只需透过简单又轻松的瑜伽动作，就能舒缓身体的不适与紧绷。

必要时尽量出力

现代人长期坐着，缺乏大量运动，肌肉不但僵硬，力量也相当孱弱。大部分人对瑜伽都有一种误解，认为瑜伽只能修炼肌肉线条，对加强肌肉力量并没有多大的效果。其实瑜伽运动的确能够增强肌耐力。在练习瑜伽的时候，如果发现肌肉需要大量出力，这并不代表姿势错误或者有任何异常。需要注意的是，若过度用力，超出了动作本身需要的范围时，也会造成伤害。

请勿执着某个特定动作

这一点，举例来说明一下。比如某个动作标榜能塑造臀部线条，其实并非只具有锻炼臀部的效果。别执着于某一个特定动作，均衡地练习各种姿势才是最重要的，它能让身体获得均衡地锻炼，就如同偏食对身体不好，运动也是如此，也不可以过于偏执。

asana X 瑜伽

asana

“asana”一词来自梵语“坐姿”之意的“asanam”。原本是为了冥想修行而采用的姿势。如今已泛指瑜伽中的各种体位。本书即以介绍各式 asana 为主。

呼吸

调息（pranayama）若不平稳，心灵也无法安定，两者相辅相成。“pranayama”一词结合了梵语“生命能量”之意的“prana”与调和之意的“ayama”。将“prana”换成亚洲的说法，为蕴含在空气中的宇宙之源——气。也就是说，

调节空气的吸入与呼出，就是“pranayama”。呼吸在瑜伽中占有举足轻重的地位。分成“Suryabhedana”“Bhastrika”以及“Ujjai”等各种呼吸法，练习与说明的过程非常繁重。为了入门的初级学者，本书仅采用最基础的呼吸原理，将平常的呼吸自然引导为比较深层的方式，逐步练习呼吸扩胸、吐气缩腹等基础呼吸法。

冥想

虽然练习瑜伽无需冥想，但要顺利进行冥想（meditation）却必须修炼瑜伽。因此，许多经历多年修炼的人，都认为瑜伽中最重要的元素应该为冥想而非坐姿。忙碌的现代人，一天只要冥想 10 分钟，就能逐渐舒缓心中的压力，并且还能提升注意力的集中。

锁印

锁印（bandha）原指梵语的“勒紧”或“上锁”，演变成瑜伽用语后，成为紧绷特定肌肉、活化身体内部能量的修炼过程。依据拙火（Kundalini）瑜伽的说法，锁印技巧能促进 Kundalini 能量流动，并提升精神层面。锁印分为 mula bandha、uddiyana bandha 以及 jalandhara bandha 三种最重要的，可以独立修炼，或者配合瑜伽一起练习。这里先简略地介绍 mula bandha 与 uddiyana bandha。mula bandha 比较类似现代的 Kegel 运动（凯格尔运动、骨盆底肌群运动），而 uddiyana bandha 则比较注重腹部肌肉的训练，吐气时会让肚脐往背部方向陷入（锁脐）。

姿势矫正

正确的姿势是十分重要的，错误的姿势会引起肩膀、脖子、腹部、骨盆等部位的病症，如何通过矫正姿势来改善病痛是许多专家们致力研究的方向。现代人长时间坐在电脑前，在缺少运动的情况下，正确的姿势就更显重要。如同上方的照片，腰部不弯曲也不能倾斜，重心保持在中央位置，就算是最标准的一般姿势。在修炼瑜伽的时候，保持良好姿势，才能维持身体平衡，达到锻炼身心的效果，并且防止各种运动伤害。

腿部酸麻都是腰惹得祸吗

这就好像手部酸麻，不一定是腰椎间盘突然造成的，同样腿部的酸麻也未必是腰惹得祸。延伸腿部的神经位于许多肌肉之间，若这些肌肉过于僵硬，也可能引发神经性疼痛，让人误会是腰间盘突出病症引起的。梨状肌过于紧绷时，坐骨神经也会被压迫，并引发臀部、大腿甚至小腿的疼痛，即称为梨状肌症状群。我们仅需要通过正确的锻炼方式，就能有效放松梨状肌，得到缓解疼痛之效。

紧张性头痛

造成头痛的原因有很多，除了脑囊肿、脑炎、脑血管疾病外，最常见的则是因肌肉紧绷而引起的紧张性头痛（tension headache）。差不多有90%的成人都曾经经历过紧张性头痛，其中女性的比例又比男性高出3倍。人的脸部、脖子和肩膀周围，布满许多肌肉、神经以及血管，适当地舒缓这些肌肉，就能促进血液循环，安定神经。一旦肌肉过度紧张，就会压迫到神经与血管，引起紧张性头痛。也就是说，此时，只要通过一些舒缓按摩或是适当的运动，就能改善这种症状。

髌骨骨关节症状群

当膝盖疼痛时，即使接受 X 光或各种检查也找不出任何病因。若腿部长时间弯曲，膝盖两侧会产生疼痛，腿部一旦伸直就会好转，即符合髌股关节疼痛综合症。这通常是两侧膝盖与大腿骨之间的压力与摩擦所引起的，女性也因膝盖骨比男性宽大，且经常穿高跟鞋的关系，诱发此症状的几率大幅提升。出现这种情形，仅需要通过对大腿周围的肌肉强化训练，就能有效减缓疼痛。

腰一定要挺得直直的吗

“不要弯腰驼背，腰杆挺直”是经常听见的一句话，大家一定不会陌生。现代人总是黏坐在椅子上，经常因错误的姿势导致肩膀与腰部疼痛，虽然正确的姿势十分重要，但真的无时无刻都要挺直腰杆吗？其实不然。我们的脊柱有许多关节，其中最重要的面关节（facet joint），可能会因为腰部过度挺直（甚至往后倾仰）而受到压迫，引发疼痛；若此情形发生在脖子部位，也会造成头痛。因此，既不过度弯曲也不过度挺直腰部，才是最适当的姿势。

颈椎间盘突出？ NO！ NO！！！

手部酸麻一定是因为颈椎间盘突出吗？有可能是脖子周围的肌肉过度僵硬，才会产生酸麻的症状。去医院详细检查之前，只要通过简单的按摩与运动，便能获得舒解。如果某些特定肌肉的神经，因为肌肉紧绷而受到压迫，手臂就会产生疼痛。舒缓的方法也相当简单。在耳朵下方有一条隆起的肌肉，这条肌肉的正后方会压迫神经，通过一些缓慢的按摩，就能减轻手部刺麻的症状。

周一的准备运动

缓解一整天上班带来紧绷的身体。

端正坐好，将上半身往前（骨盆、脊柱

1 双腿散盘而坐，左脚在前，后脚在后，并将双手臂往上伸直。

2 上半身缓慢地往前倾。

3 让身体尽可能碰触地面。

舒展骨盆（腰侧）

4 再度将双手臂往上伸直，上半身与脸转向右侧方。

5 保持上半身朝右前方，慢慢将身体往前倾。

6 让上半身尽量碰触到地面。

保持坐姿，并往侧方弯曲（腰侧）

7 恢复到基本姿势，左手扶住地面，右手往上伸直。

8 身体缓慢地往右侧弯，同时伸展左侧腰，换另一侧重复整套动作。重复 1~5 次。

舒展肩部与腰两侧

刺激肩膀、双腿及腰两侧，促进血液循环，缓解疲劳。

1 右脚伸直，左脚往内弯曲，并将双手向上伸直。

2 身体缓慢往前倾。

3 让头部尽可能地碰触到伸直的脚。

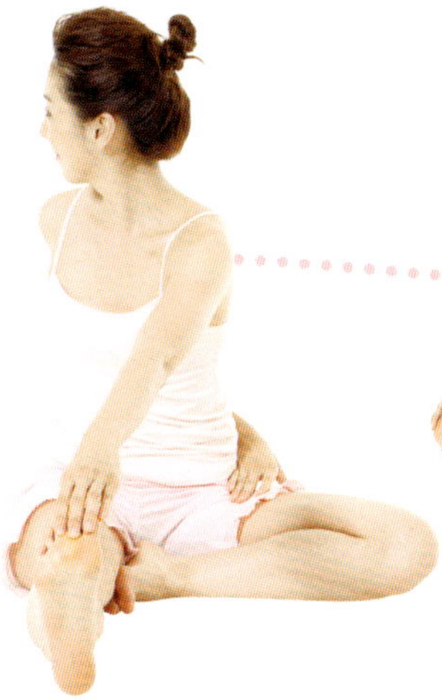

4 左手抓住右脚的脚尖，右手往后绕过腰部，同时向右扭转身体。

5 右手抓住右脚的脚尖，左手向上伸展，身体保持侧向，并慢慢地向脚尖方向靠近。

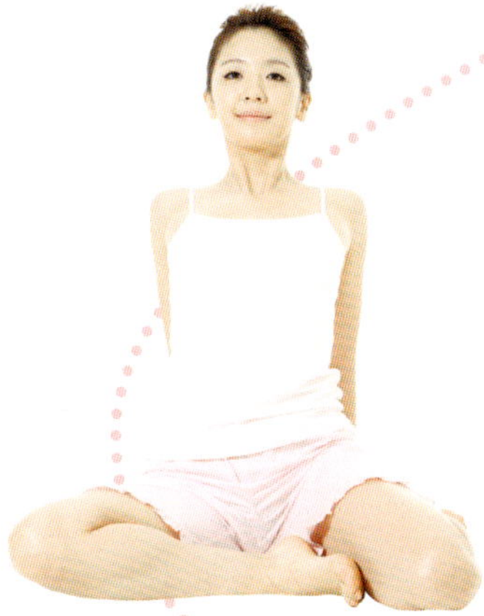

6 把伸直的右脚往后弯曲，并用双手扶住身体后侧的地板。

7 身体往后倾倒，同时抬高臀部。

舒展脊柱

脊柱一得到舒展，不仅能促进血液循环，还能强化大腿后侧的肌肉。步骤 4 的动作既能收缩下腹部，还能达到按摩内脏的效果。

1 双腿往前伸直，脚板用力。

2 双手往上伸直。

3 上半身慢慢往前倾。

4 双手握着脚掌，尽量让头触碰到小腿。

5 膝盖弯曲，双手放于身体后方的地面上来做支撑。

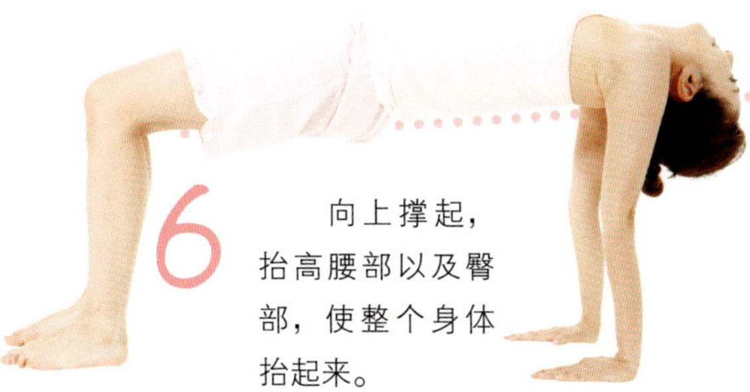

6 向上撑起，抬高腰部以及臀部，使整个身体抬起来。

Easy level

1 双腿往前伸直，双手扶住膝盖。

2 将上半身慢慢往前倾，用双手握住小腿。

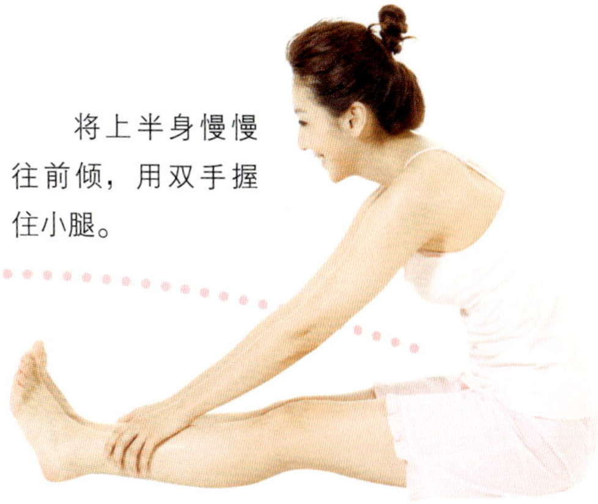

周二的准备运动

刺激骨盆、腰椎及腰两侧，促进血液循环，同时缓解疲劳。

1 双腿散盘，左脚在前，右脚在后，双手放在膝盖上。

上半身前倾放低(骨盆脊柱)

2 左手扶住膝盖，右手放在臀部后方的地面上。上半身往后侧扭转。

3 上半身保持右侧，并慢慢地往前倾，尽量让头部贴近地面。

保持坐姿并伸展双臂（脊柱）

4 双手手指交叉互扣，同时手臂向上伸直。

5 双手保持伸直的状态下，慢慢地将其往侧面画圆，然后放下。

双手交叉互扣，身体侧倾（腰侧）

6 再次将双手手指交叉互扣，同时伸直双臂。

7 上半身逐渐倾向右侧，伸展肩膀与左腰侧。换一侧重复动作。

骨盆与脊柱扭转运动

刺激骨盆与脊柱，促进血液循环，同时缓解疲劳。

1 左脚伸直，右脚膝盖向内弯曲，双手握住脚掌，以上半身向前倾的姿势开始。

2 左脚伸直，右脚弯曲跨于伸直的左脚膝盖旁。

3 左手环抱右大腿外侧，上半身向右后方向扭转。

4 左手向下扶住臀部，使身体完全向右后方扭转。

5 双腿膝盖弯曲，左手扶住右膝外侧，让上半身保持扭转的状态。

6 左手环抱右大腿外侧，让身体加强扭转。

7 右膝盖在上，左膝盖在下，双膝交叉，手扶住脚掌。

8 上半身慢慢向前倾。

9 双臂往前伸直，即完成动作。

骨盆与脊柱伸展运动

刺激骨盆与脊柱，促进血液循环，同时缓解疲劳。

1 双脚合掌，左手扶住左膝，右手抓住脚掌，上半身慢慢向右扭转，再往前倾。

2 以同样的顺序，让上半身往左方扭转前倾。

3 身体恢复到端正坐姿，重新回到双脚合掌的姿势，双手握住脚掌。

4 双脚合掌，双手分别握住脚掌，上半身慢慢往前倾。

5 双臂往侧前方伸直，令上半身尽量往前倾。

6 保持双腿伸直，左脚跨过右脚后，向左边扭转上半身，脚尖用力朝上。换另一侧重复 1 次。

周三的准备运动

刺激背部、腰部、下半身等部位，促进血液循环，同时缓解疲劳。

1 双手扶住膝盖，保持顺其自然的坐姿。

胸部扩张、内缩（脊柱、肩膀）

2 胸部尽量向前挺，同时舒展脊柱，视线稍微往上拉升。

3 双手扶住膝盖，上半身慢慢向后弓起成圆弧状，视线移至肚脐方向。

4 保持自然坐姿，腰侧向左右两边推动以及弯曲脊柱。

左右伸展脊柱（腰的两侧）

5 手指交叉互扣，至头部上方，手肘向两侧弯曲，胸部向前挺。

手指交叉、胸部扩张、内缩（脊柱、肩膀）

6 手臂向前方伸直，背部弓起成圆弧状。

手指交叉，左右伸展脊柱（脊柱、肩膀）

7 手指保持交叉握紧，手臂向上伸直，上半身向左右回来推动以舒展身体。

手臂与腰两侧伸展运动

刺激骨盆、脊柱、手臂以及腰两侧，促进血液循环，同时缓解疲劳。

1 右脚向侧边伸直，左脚向内弯曲，右手向上伸直，左手扶住膝盖。

2 上半身慢慢倾向右脚的方向。

3 保持身体姿势，左手也要向内侧伸直。

4 保持右脚向侧边伸直，用右手握住右脚拇趾，使上半身稍微倾斜，左手伸直并越过头顶，尽量碰触到右脚拇趾。

5 右手抓住右脚拇趾，左手越过后背扶住右大腿，使身体往左后方扭转。

双腿与髋关节伸展运动

刺激双腿、骨盆、脊柱及腰的两侧，促进血液循环，同时缓解疲劳。

1 右脚向内侧方向伸直，左脚向内弯曲，双臂往前伸直置于地面，同时让上半身逐渐向前倾。

Level up

2 上半身倾向右脚的方向，同时将双臂伸直。

3 双手放在右脚的两侧，上半身逐渐压低与伸直的脚平行，尽量以双手握住脚掌。

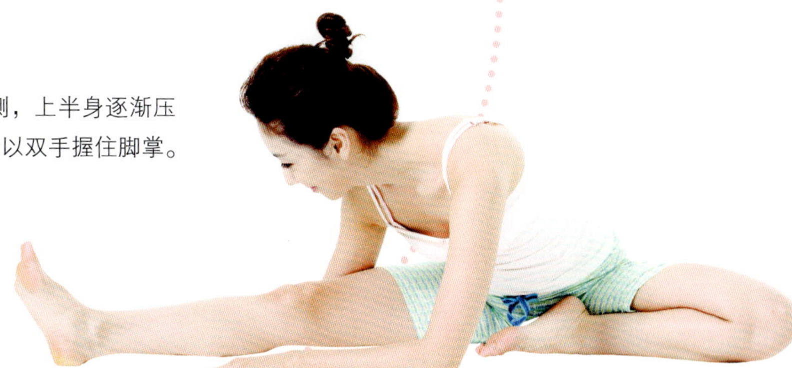

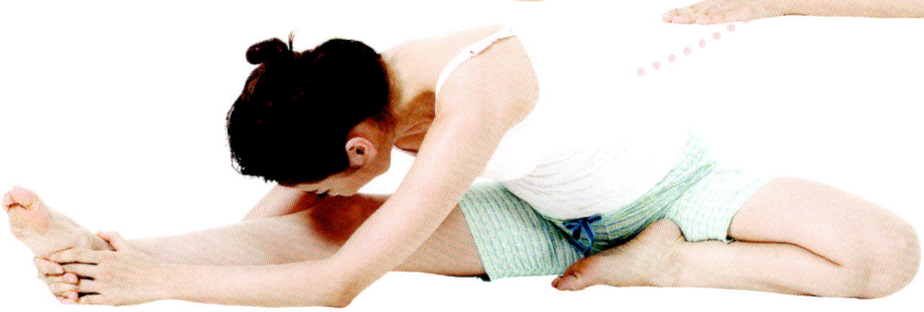

周四的准备运动

舒展整天紧绷的脊柱、肩膀、胸部以及腰的两侧。

效仿打坐姿势，同时扭转上半身（脊柱）

1 双腿散盘，左脚在上，右脚在下，手指交叉后放置在胸前，保持姿势，同时将上半身向右侧扭转。

伸展腰部两侧（腰部两侧）

2 双手手指交叉放在后背后方，上半身慢慢前倾，尽量使额头贴近地面。

伸展腰部两侧
（腰部）

3 右手扶地，撑起右边臀部，左手向上伸直，上半身慢慢倾向右侧。

单手伸直并
舒展胸部
（胸部）

4 右手放置在身体后方，左手向上伸直，头部往后仰，同时将胸部往上拉提。

5 双手向上伸直，让上半身慢慢往前倾，尽量使鼻尖贴近地面。换另一侧重复动作，可重复 1~6 次。

仰卧伸展双腿运动

刺激背部、腰部、腹部、大腿以及双脚，促进血液循环，同时缓解疲劳。

1 自然仰躺，右脚弯曲抬起，双手扶住右脚膝盖，且保持靠近胸前。

2 弓起上半身，尽可能令头部靠近膝盖。

3 将膝盖往前推，脚背下压，增加身体弓起的幅度。

4 保持步骤3的姿势，头部往后倾仰。

5 恢复自然仰躺姿势，左脚膝盖弯曲，右脚向上伸直。双手扶住伸直的大腿，轻轻往身体方向拉。若情况允许，可以进一步抓住小腿或脚踝，加大腿部伸展的强度。换另一条腿重复动作，可重复1~6次。

6 自然仰躺，手肘撑住地面，胸口向上抬起，让后背离开地面，头顶尽可能接近地面。

7 保持步骤6的姿势，双膝并拢后抬起，使小腿与地面保持平行。

8 保持步骤7的姿势，双手背相互靠拢，往胸前伸直。

9 将弯曲的双腿慢慢向上伸直，放松弯曲的膝盖。

仰卧扭转脊柱运动

刺激腰部与骨盆，促进血液循环，还能缓解疲劳。

1 双腿膝盖弯曲置于胸前，左手扶住膝盖，右手往右侧伸直。

2 双膝盖往左侧扭转，面部转向右侧。

3 自然仰躺，双臂向两侧伸直，双脚交叉，右脚在上，左脚在下，使双脚与地面保持垂直状态。

4 双腿保持交叉，将双膝盖弯成直角。

5 将骨盆向左侧边翻转，整个脸转向右侧。

6 自然仰躺，双臂向两侧伸直，右脚向上伸直。

7 右脚跨过左脚，同时翻转骨盆，整个脸部转向右侧。

Level up

8 双膝盖弯曲，左手扶住右腿膝盖，右手握住左脚掌。

Level up

9 保持步骤 8 的姿势，慢慢伸直右脚。

10 回到仰卧姿势，双手扶住膝盖，轻轻往胸前方向推压。换另一侧重复动作，可重复 1~8 次。

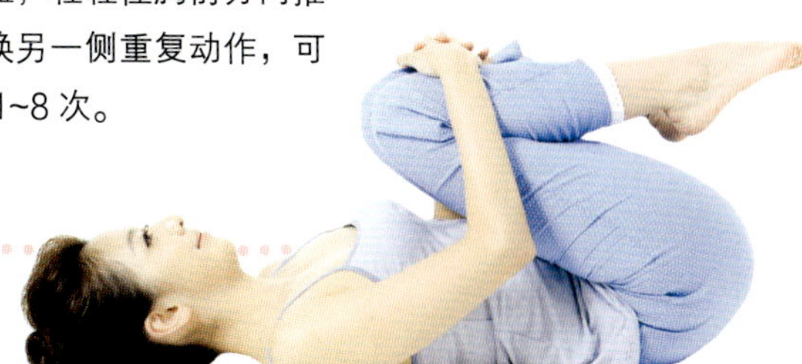

周五的准备运动

舒展骨盆、脊柱、膝盖以及腰部两侧。

1 右腿向后弯曲，左腿向内弯曲，右手放在身后，左手放在前方地面支撑。

矫正骨盆同时上半身前倾（骨盆、脊柱）

2 左手向前方伸直，上半身保持直线向前倾。

矫正骨盆，同时保持上身向前伸展（腰的两侧）

3 上半身向右倾，右手肘撑住地面，左手往上伸直后，然后向右侧倾斜，舒展腰的两侧。

4 保持步骤 3 的姿势，将手指交叉互扣，尽量将整个身体往右侧伸展。

5 保持步骤3的姿势，手指交叉同时往头顶方向伸直，增强身体伸展的幅度。

手指交叉同时向侧边伸展（膝盖、腰部两侧）

抬高并且放松骨盆（骨盆）

6 左手放在臀部后方的地面上，用来支撑身体，右手的手掌握住耳朵。骨盆抬高，同时身体往后仰倾。

7 保持步骤6的姿势，扶住耳朵的手往头顶方向伸直，换另一侧重复，可重复1~5次。

仰卧下半身运动

舒展并强化脊柱、臀部以及大腿。

1 自然仰躺，双膝盖弯曲竖起，双手臂放在与身体平行的地面，并保持手掌贴地。

2 抬高臀部。

3 双手握紧。

4 松开双手，掌心贴地，右膝盖弯曲呈直角。

Level up

5 将右脚向上伸直。

6 右脚膝盖向右侧弯曲，并将小腿靠近脚踝处置于左腿膝盖上。

7 背部回到地面，双手扶住膝盖，并将双手手指交叉握紧，再将膝盖往胸前方向推压。换另一侧方向重复动作，可重复 1~8 次。

舒展与放松脊柱运动

颠倒上、下半身位置以放松脊柱。

1 自然仰躺，双脚并拢后向上伸直，保持与地面垂直的状态。

2 双脚同时往胸前方向拉近。

3 双脚保持伸直的状态，然后慢慢越过头部，一直往头顶上方，脚尖着地。

4 双手平贴地面，在背后握紧。

5 双手扶住背部，双脚慢慢往两侧张开。

6 双手伸直紧贴地面，双脚慢慢靠拢，双脚膝盖弯曲并放置于头部两侧。

7 回到自然仰躺的动作，两侧膝盖弯曲竖起，双手往头顶方向伸直，做握拳状。

8 身体往侧边弯起，骨盆稍微往反方向推展。

9 回到自然仰躺姿势。

周六的准备运动

舒展腿部肌肉，消除僵硬感。

轻轻敲打脚底

1 左手抓住右侧脚掌，右手握拳，轻轻敲打脚底。

转动脚踝

2 将脚踝轻轻上下转动。

伸展脚背

3 将脚后跟向靠近身体方向拉近，以伸展脚背。

骨盆

4

双手握住左脚脚掌，将左脚脚掌往胸口方向拉起，再慢慢往后推，温柔的舒展髋关节。换右脚重复整个动作，可重复 1~6 次。

舒展并放松腿部运动

刺激骨盆、脊柱、臀部以及腿部，在促进血液循环的同时缓解疲劳。

1 双手撑住地面，双腿膝盖跪地，身体与地面平行。

2 左脚向后伸直。

3 左脚向后伸展，弯曲的右脚放下贴于地面，胸部紧贴右腿膝盖，双臂往头顶方向伸直。

4 回到步骤 2 的姿势，左脚向左侧伸展。

5 臀部往后坐到脚后跟上，伸展左脚。

6 臀部往脚后跟内侧移动，使臀部贴地。换另一侧重复动作，可重复 1~5 次。

Level up

舒展背部与腰部运动

刺激背部、腰部与下半身等部位，促进血液循环，同时缓解疲劳。

1 双手、双脚撑地，臀部抬高。

2 弯曲双膝，臀部往后坐在脚后跟上，并完全趴下，双臂往头顶方向伸直。

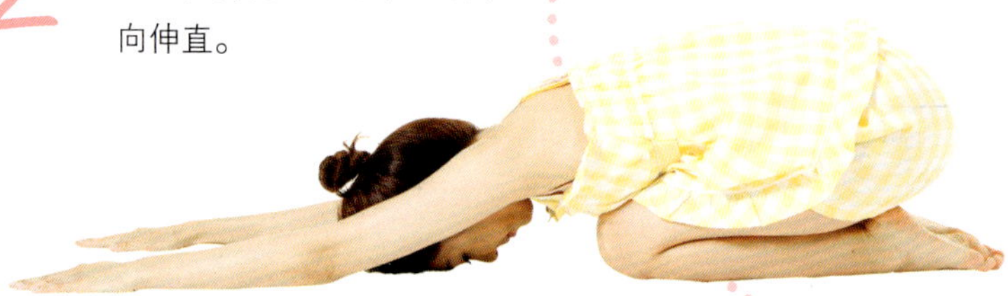

3 双臂往臀部方向伸直。

4 头部向内收，使额头紧贴膝盖。

5 大腿向上立起，使臀部往上方抬高，拱起背部，头顶紧贴地面。

6 再次往后坐下，双手合掌往头顶方向伸直。

7 身体转向左侧，左手向右侧伸直，右手肘弯成直角并以手掌扶住地面。

8 右手臂向天花板伸直。

9 右手臂越过背部，扶住左大腿上侧。

10 再将右手往头顶方向伸直。

11 回到步骤 3 的姿势。换一侧重复整个动作，可重复 6~10 次。

周日的准备运动

舒展腰部的两侧和胸部。

保持跪坐并弓起上半身

1 曲膝跪坐，双手扶住骨盆，肩膀弓成圆弧状，上半身慢慢往前倾，额头贴地。

2 保持步骤 1 的姿势，双手手肘放松并紧贴在地面上。

伸展胸部

3 双手往后伸展，手指交叉握紧，使胸部往前推伸。

臂部移动两侧（腰部的活动两侧

4 将双手的手掌朝上，尽可能伸直双臂，同时面朝上方。

5 曲膝跪坐，双手扶住前方地面，使上半身稍微向前倾。将臀部移往左侧地面，伸展左侧腰，再弯曲右手肘，将肩膀往地面方向下压。

6 保持步骤 5 的姿势，双手置于头部后方并将手指交叉，使身体往后侧倾倒。

保持跪坐，使身体向侧边伸展

7 可以模仿伸懒腰的方法，双手往头顶方向伸直推出。换另一侧重复，可重复 5~6 次。

舒展上、下半身运动

放松并强化脊柱与肩膀。

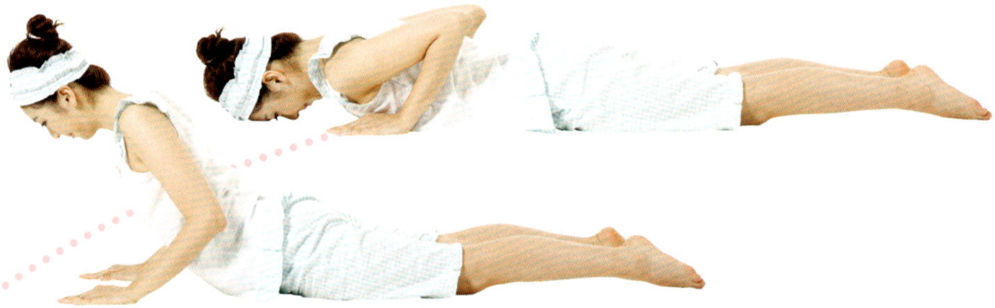

1 自然俯卧并将双手置于肩膀旁的地面，撑起上半身。

2 双手臂伸直，使上半身完全挺起并稍微向后仰。

3 双膝跪地，臀部往上抬高，弓起背部与腰部成圆弧状。

4 弯曲膝盖，臀部坐在脚后跟上，使身体完全趴下，双手向后放在骨盆侧边。

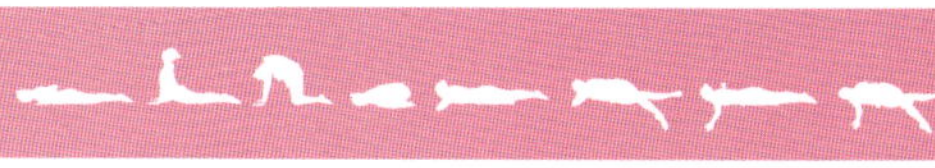

5 自然趴卧，手掌交叠放在下巴下方。

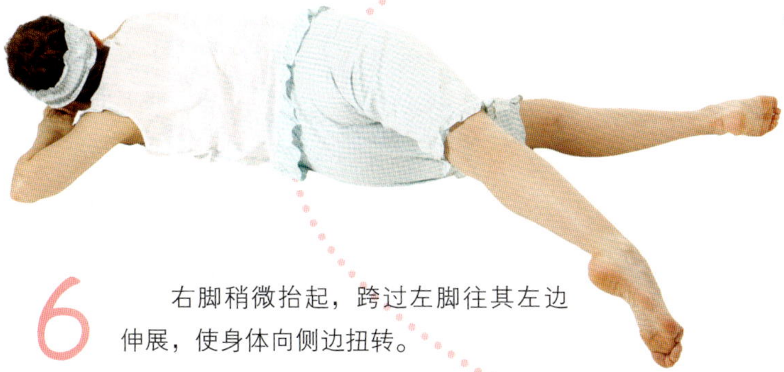

6 右脚稍微抬起，跨过左脚往其左边伸展，使身体向侧边扭转。

7 自然趴卧，双臂向两侧伸直。

8 右脚稍微抬起，跨过左脚往左边伸展，使身体向侧边扭转。换一侧重复整个动作，可重复 5~8 次。

扭转上半身与骨盆运动

放松脊柱、刺激腰部、舒展胸部。

1 趴卧于地面，双脚伸直，并向两侧张开，手指交叉置于头部后方。

2 下半身尽量保持不动，上半身往后侧扭转。

3 趴卧于地面，右手向右侧伸直，左手向头顶方向伸直。

4 下半身尽可能保持不动，上半身往右侧扭转，尝试右肩碰触地面。

5 右膝盖弯曲，右手握住右脚脚掌，令脚掌靠近臀部。

6 慢慢抬起弯曲的脚，再压至左边的地面方向。换左脚重复整个动作。可重复 1~6 次。

7 自然仰躺，双臂往两侧伸直，弯起双膝后倾往两侧，翻转骨盆。

8 回到自然仰躺姿势。

Part 2

塑造匀称动人体形的美体操

美体操能帮助女性塑造匀称动人的体形，尤其能塑造女性极其重视的腹部、胸部、腰两侧、大腿以及小腿等部位的曲线美。主要在每日瘦身操练习后继续练习美体操，就能轻松拥有迷人的曲线与纤细的身型。

BeautyYoga

● 美体操 塑造弹力十足的小腹

均匀挺拔的胸型，迷人的翘臀，修长的美腿以及富有弹性平坦的小腹，都是完美身材的必备条件。连续四组腹部伸展动作，让你轻松拥有梦寐以求的平坦小腹。

平板式运动

同时锻炼腹部与臀部肌肉。

1 手掌与膝盖着地，脚趾踮起，趴跪在地面上。

2 单脚向后伸直，仅以脚趾着地。

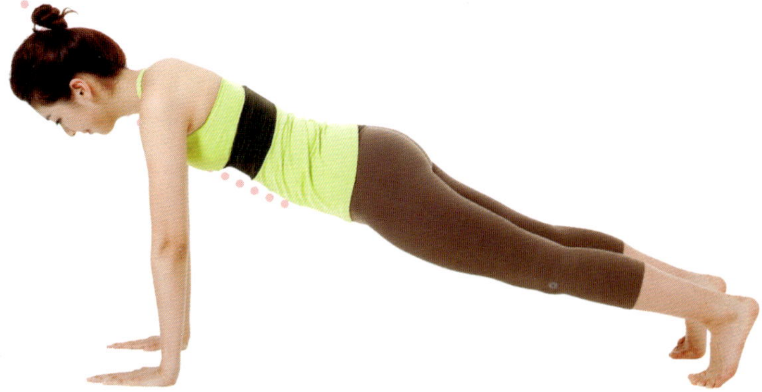

动作练习顺序 »

双腿膝盖轻轻撑住地面，可以使动作更加轻松。

请勿拱起腰部或者抬高臀部。

BeautyYoga

● 美体操 塑造弹力十足的小腹

腹部运动

扭转身体，同时锻炼腹部与腰部肌肉。

1 自然仰躺，双膝盖弯曲竖起，双手自然放在身体的两侧。

2 双脚的小腿向上抬高，与地面平行，同时让膝盖保持直角状态，双手掌互扣并且托住后脑勺，头向上抬起离开地面，下巴微收。

3 右脚向斜前方伸直，脚掌往下压。

动作练习顺序»

4 稍微向左扭转上半身，尽可能让右手肘靠近左膝盖，左右两边轮流进行相同的动作。换另一边重复此动作，可重复 2~6 次。

重心过度放在左边，就会导致左脚向左倾，右臀离地，无法锻炼到腹部。

船式运动

以静止的姿态强化腹部、髋关节以及腿部肌肉。

1 双膝并拢竖立，双手向后撑住地面。

2 背部挺直，稍微向后倾斜，小腿抬高与地面平行，脚板往下压，双手向前方伸直。

3 将弯曲的双腿完全伸直，在动作进行过程中使身体能呈“V”字形。

NG

不要将肩膀向内收或者驼背。

BeautyYoga

● 美体操 塑造弹力十足的小腹

双手抬腿运动

抬起膝盖后保持动作，需要腹部肌肉有强健的收缩力量。利用双手扶住膝盖的动作，也能锻炼肩膀与手臂。

1 保持自然散盘坐姿。

2 单边脚掌置于另一条脚上。

3 双手撑住地面，膝盖向上抬，靠近胸口。

4 双手撑住地面，臀部与膝盖向上抬高离地。

动作练习顺序 »

Easy level

臀部紧贴地面，双手将腿部往胸前推压。

若难以保持盘腿坐的姿势，可以采用散盘的姿势进行动作。

BeautyYoga

● 美体操 塑造毫无赘肉的小蛮腰

腰部两侧的肌肉不仅具有支撑身体的作用，还能让我们轻松做出各种扭腰的动作。腰部锻炼运动，能让腰部变成毫无赘肉的、迷人的小蛮腰。

侧向腹部运动

塑造玲珑的小蛮腰以及迷人挺翘的臀部曲线。

1 双手掌与双膝盖着地，趴跪在地面。

2 单脚向后伸直，脚尖着地。

3 另一只脚也往后伸直。

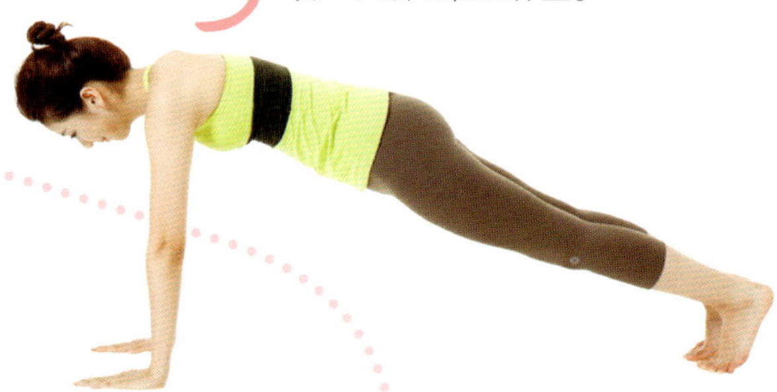

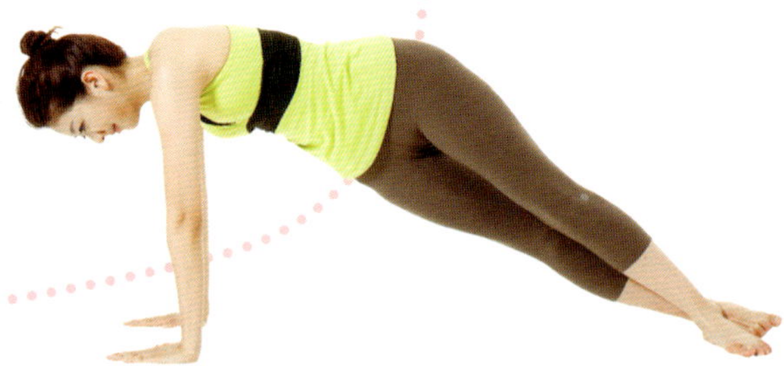

5 右手掌紧贴地面，左手向上伸直，让整个身体转向左侧平衡。换另一侧重复动作，可重复3~5次。

4 下半身向左转，让右脚掌外侧贴稳地面。

动作练习顺序»

单边膝盖着地，可以使动作更加轻松。

请勿倾斜肩膀，脊柱同时也不可以弯曲，请保持挺直。

双膝着地并倾斜上身运动

强力塑造腰部曲线以及锻炼肩膀，同时伸展大腿内侧肌肉。

1 上半身挺直，双膝盖跪地。

2 右脚向侧边伸直。

3 双臂向上平行伸直。

动作练习顺序»

5 位于下方的手掌握住脚踝，位于上方的手臂继续保持往侧边伸直。换另一侧重复同样动作，可重复 1~6 次。

4 上半身向右侧倾斜。

稍微弯曲右腿膝盖，可以使动作更加轻松。

BeautyYoga

● 美体操 塑造毫无赘肉的小蛮腰

仰卧腰部运动

锻炼骨盆以及臀部肌肉。

1 自然仰躺，左脚弯曲，并将左脚脚掌置于右脚膝盖上，双手自然向两侧平放。

2 右手扶住左脚膝盖。

3 右手将左膝盖压往地面扭转，脸部与视线朝左。换一侧重复动作，可重复 1~2 次。

请勿弓起向上一侧的肩膀，反边的肩膀也不可以过度抬离地面。

脊柱扭转式运动

运动脊柱与韧带，锻炼背部以及腰部，同时伸展臀部肌肉。

1 右脚向前伸直，左膝盖弯曲，脚掌踩到右膝外侧的地面上，双手扶住左膝盖置中。

2 右脚往内弯曲，右手扶住左脚膝盖，左手握住脚掌，让脚掌靠近左臀外侧。

动作练习顺序»

3 左手扶住膝盖，右手向上伸直。

4 身体朝左后方扭转，右手肘推压左大腿的外侧，加强扭转力度。换另一侧重复动作，可重复1~3次。

保持脊柱呈直线，同时注意臀部不可以离开地面。

BeautyYoga

● 美体操 塑造毫无赘肉的小蛮腰

反转侧三角式运动

扭转上半身以及锻炼腰部两侧，同时将双腿前后打开，伸展并强化腿部肌肉。

1 双手掌与双膝贴地，趴跪于地面。

2 右脚掌前跨，使单膝往前，与胸口呈垂直。

3 左脚掂着，膝盖打开挺直离地。

4 往右扭转上半身，右手往上伸直。

动作练习顺序» 

左膝盖支撑地面，可以使动作更加轻松。

请勿将重心置于上半身或将骨盆抬高，同时肩膀也不能歪斜。

BeautyYoga

● 美体操 让腰部曲线纤细迷人

匆忙奔波以及长时间伏案，都会让人的腰部以及身体其它各个部位承受过多的压力。柔和又轻松的腰部运动，能让女人重拾美好的身材曲线。

半月式运动

伸展舒缓肩膀、腰部以及骨盆。

1 保持自然站立的姿势。

2 双臂向上伸直，手指交叉相扣，如开手枪一般将食指伸直。

3 臀部稍微推往左侧，身体同时也向右侧倾斜。

4 以相同的方式将身体弯向左侧。

动作练习顺序»

一只手扶住骨盆，另一只手伸直，然后随着身体侧倾而伸展，这样可以使动作做起来更加轻松简单。

肩膀请勿倾斜，胸部请勿朝向地面。

向上弯半轮式运动

促进新陈代谢有利于减轻体重，锻炼腰部、腿部以及骨盆，同时强化腹部肌肉。

1 自然仰躺，双脚张开与双肩同宽，膝盖弯曲竖起，双手自然置于身体的两侧。

2 手肘向上弯曲，手掌置于耳朵旁支撑地面。

3 臀部慢慢地抬高。

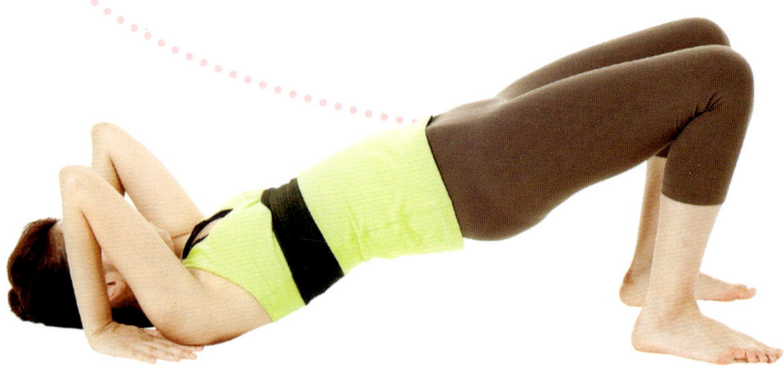

动作练习顺序»

4 双手手掌紧贴地面，肩膀慢慢抬高离开地面。让头的中心点紧贴地面。

5 头部渐渐离开地面，使手臂完全打直。

Easy level

维持步骤 3 或者 4，可以使动作做起来比较轻松。

BeautyYoga

● 美体操 让腰部曲线纤细迷人

跪膝平衡竿式运动

锻炼身体中心部位以及手脚肌肉。

2 左手向前伸直，并与地面保持平行。

1 双手手掌与双脚膝盖紧贴地面，呈趴跪姿势。

动作练习顺序»

3 反边的脚向后伸直。换另一侧重复动作，可重复 1~2 次。

NG

身体请勿倾斜，腰部不能弓起，腿部也不能过度抬高。

BeautyYoga

● 美体操 让腰部曲线纤细迷人

伸展四肢的蝗虫式运动

强化肩胛骨、腰部以及臀部周围肌肉，后提拉臀部的运动也能消除腰部与肩部赘肉。

1 自然趴卧，让头紧贴在地面上，并且将手往头顶方向伸直。

2 将上半身往上抬起，双手慢慢离开地面，朝斜上方伸直。

3 下半身也慢慢往上提起，使四肢都离开地面。

动作练习顺序 »

单手、单脚轮流进行，可以使动作进行起来比较轻松。

请勿耸肩，同时要注意保持四肢伸直，不能让脊柱弯曲或者扭转。

伸展下肢的蝗虫式运动

锻炼腰部以及臀部，以手掌撑地的动作还能强化上半身肌肉。

1 自然趴卧，额头紧贴地面，双手置于身体两侧，保持手掌向下。

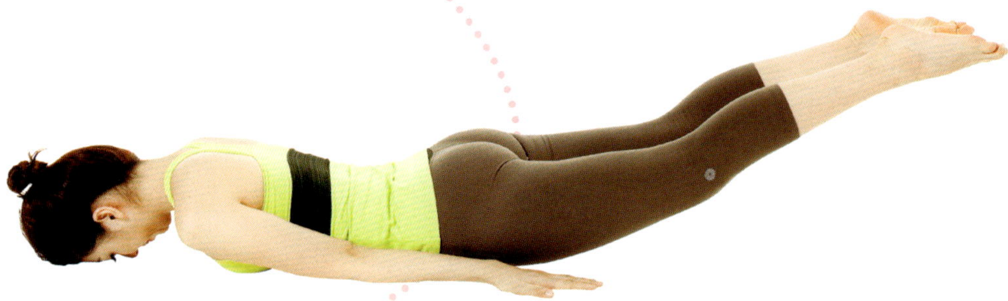

2 用额头支撑在地面上，然后双脚向上抬起。

3 手臂用力撑住地面，慢慢抬起骨盆，使双脚尽可能朝上。

动作练习顺序»

Easy level

用手掌撑住大腿上侧，可以使动作更加轻松。

NG

如果支撑地面的方式错误，会使胸椎弯曲、脖子过度施力，请尽可能将脊柱往头部方向伸展、双腿往上方抬高即可。

BeautyYoga

● 美体操 塑造完美的翘臀

若臀部肌肉富有线条，臀部看起来就会俏丽又性感。

简化的蝎子式运动

反复弓起、伸展腿部，同时锻炼臀部、腰部以及腹部肌肉。

2 弯起背部，左脚往胸口方向弓起，使额头碰触膝盖。

1 双手手掌与膝盖紧贴地面，趴跪在地面上。

动作练习顺序»

3 面部朝前方，将左脚往上伸展，腰部也慢慢往反方向伸展。换另一侧重复动作，可重复 1~2 次。

避免出现耸肩与夹背，请让胸部往前推展。

半蝗虫式运动

手掌握住脚踝，腰部向后弓起，同时锻炼腰部、肩膀以及腿部肌肉。

1 身体完全趴卧，双臂向头顶方向伸直，额头碰触地面。

2 左腿小腿翘起。

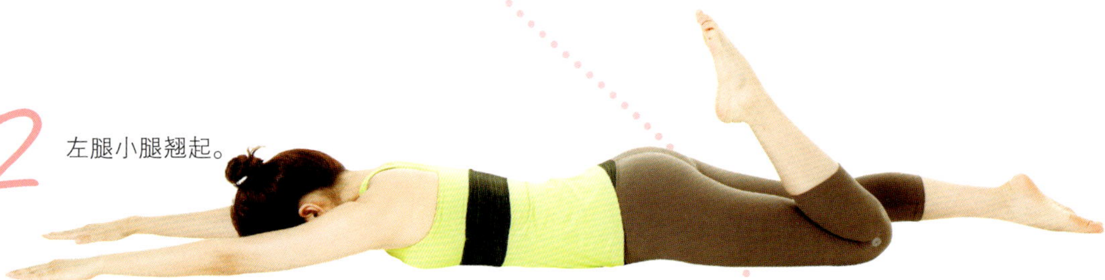

3 以同边的手掌握住脚踝。

动作练习顺序»

4 右手掌支撑地面，上半身往上抬起使腰部向后弓起，同时将左膝向上抬高。

5 置于地面的手脚保持伸直，慢慢往上抬高，换另一侧重复动作，可重复 1~3 次。

NG

重心保持于身体中央，请勿往侧面倾斜。

双脚合掌的蝗虫式运动

将半蝗虫式变化成膝盖向外伸展的动作，加强臀部肌肉训练。

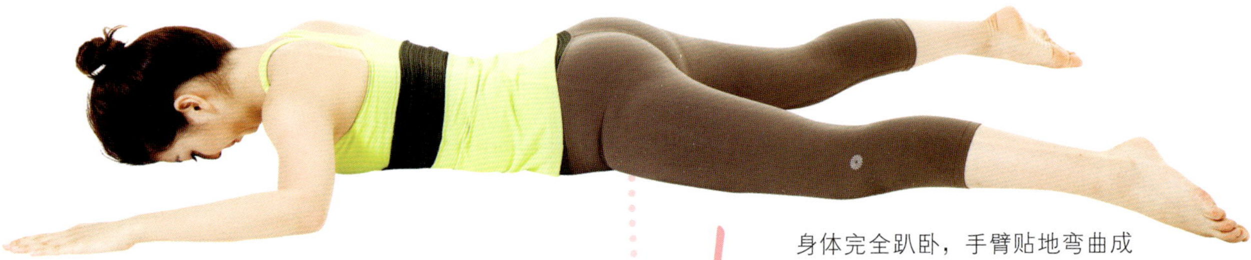

1 身体完全趴卧，手臂贴地弯曲成直角，双脚稍微向两侧张开。

2 双膝弯曲竖起，脚掌互相贴合，使脚趾彼此碰触。

动作练习顺序»

3 手臂、胸口以及膝盖慢慢抬高。

BeautyYoga

● 美体操 塑造匀称纤细的大腿

藉由腿部肌肉运动，预防腰部、骨盆以及膝盖疼痛，同时达到消耗热量，纤体减重的效果。

勇士式1

以静止的姿势，强化大腿肌肉。

1 保持自然站立姿势。

2 左脚向后踩一大步，脚掌自然朝向斜前方。

动作练习顺序»

3 双手向上伸直，手指交叉互扣，如手枪一般将食指伸出，并弯曲前脚的膝盖，面部朝上看手指。换另一侧重复整个动作，可重复 1~2 次。

请勿将重心过度置于前方膝盖。

BeautyYoga

● 美体操 塑造匀称纤细的大腿

勇士式 2

面部朝向侧边的勇士式运动，能锻炼大腿前侧与内侧肌肉。

双脚往两侧跨开，右脚掌朝右，左脚掌朝前，双臂平举伸直，且保持与地面平行。

动作练习顺序»

2　右腿膝盖弯曲，面部朝向弯曲的膝盖的方向。换左脚膝盖重复此动作，可重复 1~3 次。

请勿将重心置于弯曲的膝盖，否则会让骨盆无法保持平衡。

BeautyYoga

● 美体操 塑造匀称纤细的大腿

坐椅式运动

能锻炼大腿前后两侧以及臀部。

1 保持自然站立的姿势。

2 臀部向后坐，双膝弯曲，手臂向前伸直。

动作练习顺序»

3 双臂慢慢向头顶方向抬起。

请勿向内弯起腰部或者耸肩。

手指抓住脚拇趾式运动

伸展大腿后侧肌肉，同时提升平衡感。

1 保持自然站立的姿势。

2 效仿踢毽子的动作，将右脚抬起后，用右手抓住脚拇趾。

3 右脚缓慢往前伸直。

动作练习顺序»

4 直到膝盖完全伸直，换另一侧重复此动作，可重复 1~3 次。

Easy level

如果膝盖无法伸直，可以停留在弯曲的阶段。

侧卧抬腿运动

锻炼大腿内侧肌肉，使其紧致富有弹性。

1 身体侧卧，右侧小臂全部紧贴地面，以双手支撑上半身。

2 左脚弯曲，将脚掌置于另一只脚大腿的前方，左手手掌握住其脚踝。

动作练习顺序»

3 右脚保持伸直的状态，慢慢向上抬高。换另一边重复动作，可重复 1~2 次。

Easy level

以肩膀、手臂支撑在地面，并保持头部紧靠手臂，可以使动作更加轻松。

BeautyYoga

● 美体操 提升身体的平衡感

平衡感训练不仅能提升专注力、稳固身体重心，也有助于塑造身体线条，维持匀称美丽的身材。

树式运动

提升平衡感，预防身体病痛，同时塑造优美的小腿线条。

1 保持自然站立的状态。

2 右手握住同边右脚脚踝，使脚掌与左边的大腿内侧紧贴。

3 双手合掌并置于胸前。

动作练习顺序 »

4 双臂慢慢向上伸直。换另一只脚重复此动作，可重复 1~3 次。

Easy level

脚掌紧贴膝盖或者小腿内侧，可以使动作做起来更加轻松。

NG

身体需要保持直线，请勿将骨盆推向侧边。

舞王式运动

训练身体的平衡感，同时舒展骨盆以及大腿肌肉。

1 保持自然站立姿势。

2 左手向前伸直，右膝盖向后弯曲，同时右手抓住右脚掌。

动作练习顺序»

3 右膝缓慢地往后上方抬起，换左膝重复此动作，可重复 1~3 次。

保持步骤 2 的姿势，单手向上伸直。

请勿让身体往侧边倾斜。

美体操 提升身体的平衡感

鹰式运动

训练平衡感，同时锻炼肩膀以及腿部肌肉。

1 保持自然站立的姿势，然后双臂向两侧水平伸直。

2 膝盖弯曲，右脚跨越左脚，并交叉于膝盖处，脚尖踮地，左手朝上，右手朝下。

动作练习顺序»

3 左手在上，右手在下，双手交错合掌，手肘与肩膀同高，右脚尖离地，勾住左小腿后侧，再往下蹲低。换另一侧重复此动作。可重复 1~2 次。

Easy level

降低手臂与腿部的交叉程度，可以使动作做起来更加轻松。

侧向伸展运动

锻炼腰部两侧与臀部肌肉。

1 双臂向上伸直。

2 身体向左侧边倾斜，使右脚慢慢离开地面。同时朝地面伸直。

动作练习顺序»

3 尽可能推开胸部，右脚向侧面提至臀部的高度。换另一侧重复动作，可重复 1~3 次。

以脚尖轻轻支撑地面，可以使动作做起来更加轻松。

请勿弓起脊柱，以免让臀部往后翘起。

● 美体操 塑造纤细迷人的双臂

无论你是肌肉僵硬紧绷还是软趴趴，都能通过伸展运动来改变，同时还能甩掉松软难看的赘肉，让手臂的整体线条变得匀称纤细。

手肘向后运动

拉伸手臂，消除手臂赘肉，并有助于塑造纤细迷人的手臂线条。

1 双臂握拳，手臂向前水平伸直。

2 弯曲手臂，使手肘推往身体后方。

动作练习顺序 »

动作练习顺序»

手肘弯曲扩胸运动

拉伸手臂，消除手臂赘肉，同时塑造纤细迷人的手臂线条。

1 手肘弯曲，下手臂相互贴合，双肘保持在胸前位置。

2 保持姿势，同时将手肘往身体两侧张开。

BeautyYoga

● 美体操 塑造纤细迷人的双臂

臂肩伸展运动

让手臂感受到拉伸的力量，消除赘肉，同时也有助于塑造纤细的手臂线条。

掌心朝上，双臂向两侧水平伸直。

动作练习顺序 »

2

右手掌心朝上，左手掌心朝后，面部转向掌心朝上的手臂的方向，换另一边重复动作，可重复 1~2 次。

BeautyYoga

● 美体操　塑造纤细迷人的双臂

单臂肩伸展运动

能拉伸手臂，消除手臂赘肉，且有助于塑造纤细的手臂线条。

1 保持自然散腿坐姿，右手扶住膝盖，右手向前伸直，并将掌心朝上。

2 右手臂保持水平并慢慢向右后方移动，面朝伸直的手的方向，达到扩展胸部的效果。换另一边重复动作，可重复1~3次。

动作练习顺序 »

动作练习顺序 »

肩膀伸展运动

让手臂与肩膀感受到一股拉紧的力量，消除手臂赘肉且有助于塑造手臂线条。

1 保持自然盘坐的姿势，左手向上伸直。

2 左手肘向后弯曲，右手抓住手肘后向下推压。换另一边重复动作，可重复 1~3 次。

BeautyYoga

● 美体操　塑造玲珑有致的 S 腰线

现代人几乎整天坐在电脑面前，背部疼痛的症状也会越来越频繁。而伸展运动恰好能舒展以背部为中心的肌肉部位，即可缓解背部疼痛。

弓背运动

锻炼背部、腰部以及肩胛骨的周围肌肉。

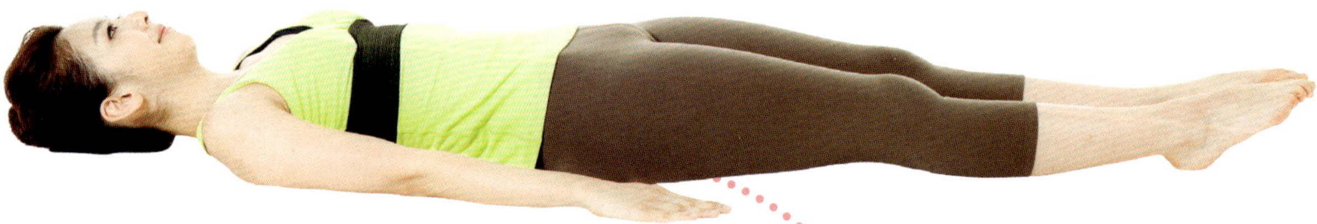

1 自然仰躺，双手置于身体的两侧，掌心向下。

2 以手肘支撑在地面上，胸部向上抬高使腰部尽量弓起，头的中心点紧贴地面，并且要保持小腿、臀部以及手肘接触地面。

动作练习顺序»

Easy level

双手放在背后位置以支撑腰部，这样可以使动作做起来更加轻松。

全弓式运动

手臂向后伸直并抓住脚踝的动作，可以锻炼大腿、臀部、腰部、背部以及肩胛骨。

1 身体完全趴卧。

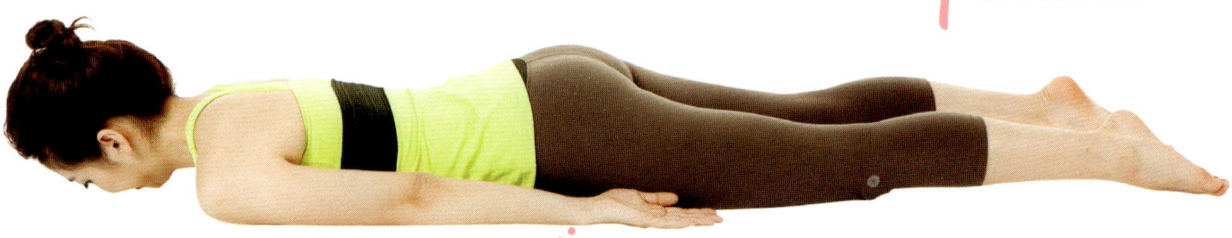

2 弯曲双膝，并且以双手掌握住脚掌。

动作练习顺序»

3 双手拉住脚掌，同时让腰部慢慢弓起，胸口、膝盖向上提起，视线看向前方。

请勿耸肩或者将胸部弯曲缩起。

手指交叉弓背运动

锻炼腰部、背部以及手臂内部的深层肌肉。

1 身体保持完全趴卧的状态。

2 双臂向后背方向伸直，手指交叉互扣。

动作练习顺序» 

3 双臂慢慢向后延伸，同时腰部弓起，上半身抬起。

NG

胸部保持扩张状态，请勿让脊柱歪斜以及耸肩夹背。

BeautyYoga

● 美体操　塑造玲珑有致的 S 腰线

新月式运动

锻炼背部、腰部以及臀部肌肉。

1 双手手掌以及双膝着地，趴跪在地面。

2 单脚向前弯曲，紧贴于地面，另一只脚向后伸直。

3 双手向上伸直，手指交叉互扣，如手枪一般将食指伸出，尽可能伸展脊柱，并且让头部向后倾仰。换另一边重复动作，可重复 1~2 次。

动作练习顺序»

稍微弯曲伸向后方的膝盖，可以使动作做起来更加轻松。

身体保持直立的状态，请勿让上半身与骨盆倾向前方。

眼镜蛇式运动

有助于锻炼背部以及伸展腹肌。

1　身体完全趴卧，手肘弯曲后将手掌平放在肩膀的两侧的地面上。

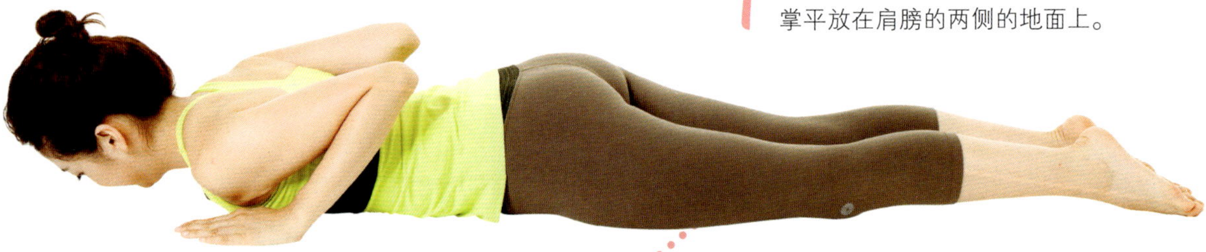

2　双手掌支撑在地面上，慢慢将上半身抬离地面。

动作练习顺序»

3 尽可能弓起腰部，使脸部能完全朝向正前方。

NG

请勿耸肩夹背。

上犬式运动

这种运动比眼镜蛇式运动更有难度。

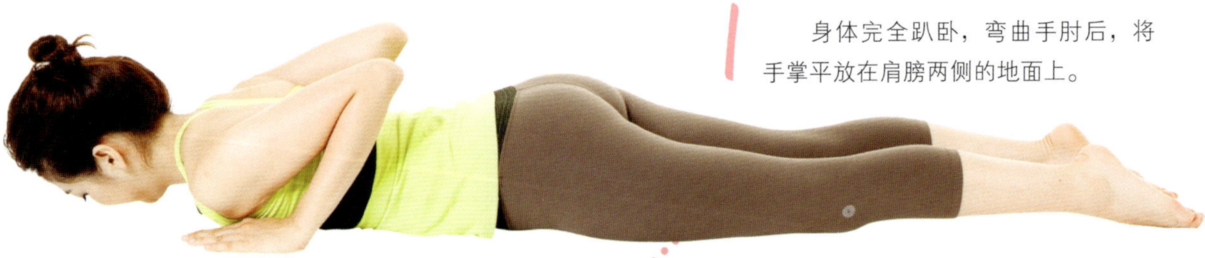

1 身体完全趴卧，弯曲手肘后，将手掌平放在肩膀两侧的地面上。

2 手掌支撑在地面上，慢慢将上半身抬离地面。

动作练习顺序»

3 手肘完全伸直，同时保持骨盆离开地面。

请勿过度给腰部施力。

Part 3

让身体健康富有活力的治愈操

治愈操能让紧绷酸痛与僵硬疲惫的肩、背、腰、脊柱、臀、腿、骨盆以及小腿等部位，获得深层的舒缓与伸展，结合每日瘦身操持续练习，就会全身充满活力，整个人也会容颜焕发。

HealingYoga

治愈操　强化肩膀肌肉运动

强化肩膀肌群，不仅能塑造纤细的手臂线条，还能预防现代人经常发生的各种肩膀病症。

海豚式运动

强化并伸展腿部后侧肌肉，拉提肩膀的这个动作能够伸展肩部与胸部。

1 双手掌以及双膝紧贴地面，趴跪在地面上。

2 手指交叉互扣，以手肘支撑在地面上。

3 脚尖着地，膝盖伸直，同时慢慢向上抬高臀部。

手肘伸直，以手掌撑住地面，可以使动作做起来更加轻松。

请勿将重心集中在肩膀或者将脚后跟抬得过高。

HealingYoga

● 治愈操　强化肩膀肌肉运动

桌式运动

这种静止的动作能锻炼上半身、腰部、腹部以及臀部肌肉。

1 坐在地板上，弯曲膝盖，脚掌贴地，双手向后放在地面上，以手掌支撑地面。

2 臀部向上抬高，让身体保持与地面平行。

3 慢慢地将腿部伸直，使膝盖完全伸直。

弯曲左脚膝盖并且以脚掌支撑地面，这样可以使动作做起来更加轻松。

请勿让双臂向下沉。

HealingYoga

● 治愈操　舒缓颈部运动

有时候颈部的疼痛，甚至让人连转头都觉得困难。颈部的不适，除了造成生活中的不便，也可能引发令人难以忍受的紧张性头痛。

侧向舒展运动

单手扶住另一边的耳朵上方，轻轻地将头部往侧边推压。

右手扶住左耳上方，轻轻地将头部往右边推压。换另一侧重复 1~2 次。

侧前方向舒展运动

右手扶住左耳上方，轻轻将头部往右前方推压，伸展颈部后侧肌肉。换另一侧重复1~2次。

侧后方向舒展运动

右手扶住左耳上方，轻轻将颈部往右后方向倾仰，伸展颈部前侧肌肉。换另一侧重复1~2次。

HealingYoga

● 治愈操　舒缓颈部运动

仰头舒展运动

1　保持自然的坐姿，双手置于身后，并将手指交叉互扣，手臂往地面方向伸直，同时将头部向后倾仰。

2　头部保持后仰状态，慢慢将手臂往上方抬高，令胸部往前推伸。

动作练习顺序»

舒缓颈部运动

1 保持自然的坐姿，双手扶住双腿膝盖，头部往下低。

2 双臂往前延伸打直，令腰部以及背部弯起呈圆弧状。

HealingYoga

● 治愈操　舒缓肩部运动

错误的姿势、习惯，长时间久坐等，都是造成现代人肩部疼痛的原因。专为肩部设计的瑜伽动作，能舒缓、预防肩部紧绷等不适症状。

小猫式运动

舒展肩膀以及背部肌肉。

1　双手掌与膝盖着地，趴跪在地面上，上半身保持与地面平行。

2 左手穿过右肩下方，手背紧贴地面，往侧边伸直。右手则以手心贴地朝前方伸直。

3 持续延伸并舒展肩膀，往左看，右脸贴地。换另一侧重复动作，可重复1~2次。

NG

请勿让脊柱弯曲倾斜或者让肩膀左右高低不一。

HealingYoga

● 治愈操　舒缓肩部运动

背后合掌运动

舒展紧绷的深层肌肉，使肩膀保持平衡稳定。

1 保持盘腿正坐姿势。

2 双手伸往后背，手掌置于背部中央，并且使手指相碰触。

3 慢慢让手掌互贴成合掌状。

双手伸往背后，以手掌抓住两边手肘与上手臂，可以使动作做起来更加轻松。

请勿使胸部或者肩膀往前弯曲弓起。

手腕与手臂伸展运动

舒缓整天被键盘与鼠标折磨的手腕肌肉。

2 弯曲手腕使双手掌朝向身体，并且以双手掌支撑地面，脊柱向上伸直后，再将头部向后仰。

1 保持自然盘腿正坐的姿势。

请勿耸肩或者让手肘过度往外推。

HealingYoga

● 治愈操　舒缓肩部运动

肩肌伸展运动

伸展并锻炼手臂内部的深层肌肉。

1 保持自然盘腿正坐姿势，右手向上伸直。

2 右手臂弯向背后。

3 左手扶住弯曲的右手肘。

4 右手肘朝上弯曲于头部侧边，左手肘朝下弯曲于腰部侧边，手指于后背交扣。

利用毛巾辅助，可以令动作做起来更加简单轻松。

上手臂需要与地面保持垂直，请勿弯腰驼背。

HealingYoga

治愈操　舒缓背部运动

现代生活所引起的背部病痛，严重时不仅会有芒刺在背的感觉，还会导致腰痛、头痛、上背或者下背等部位连锁性的疼痛。通过练习舒展背部的瑜伽运动，即可获得预防与缓解疼痛的效果。

肩胛骨伸展运动

舒展肩胛骨周围的肌肉。

2 手指于胸口前方交叉。

1 保持自然盘腿的坐姿。

3 双臂往前伸直，同时让背部弯曲向后弓起。

NG

请勿让肩膀施力或者使手臂向上抬高。

HealingYoga

● 治愈操　舒缓背部运动

骆驼式运动

舒展背部、胸部以及腹部肌肉。

1 弯曲膝盖，跪立在地面上，双手自然下垂贴于大腿外侧。

2 双手扶住臀部。

3 身体往后仰倒。

4 双臂往下伸直，手掌握住脚后跟。

Easy level

第 4 步骤若有难度，保持以双手扶住臀部即可。

NG

请勿将重心向后倒，尽量保持大腿与地面垂直。骨盆尽量向前推，请勿往后倒。

侧向伸展运动

舒展腰部两侧、肩膀以及背部肌肉。

2 左手扶住侧边地面。

1 保持自然盘腿正坐的姿势。

3 右手往上伸直。

4 脊柱慢慢往左侧弯曲，同时保持左手前臂要与地面贴合。换另一侧重复动作，可重复 1~3 次。

NG

请勿将手臂缩往身体的方向或者耸肩。

HealingYoga

猫式运动

舒展所有带动骨盆、腰部、腹部以及肩胛骨的肌肉。

1 双手掌以及膝盖着地，趴跪在地面上。

2 背部弯曲向上弓起，视线看向肚脐。

3 将腹部往下沉，使肩膀以及臀部顺势抬高，脸部与视线朝上方看。

请勿耸肩，尽可能使脊柱延长伸展。

治愈操　舒缓膝盖运动

轻微的膝盖不适症状，可以通过适当的肌肉运动与锻炼获得改善。

跪立伸展运动

使弯曲的脚得到很好地锻炼。

1 右脚跪立于地面，双手扶住左膝。

2 重心往前移，加深右腿前侧伸展。

动作练习顺序»

3 置于后方的小腿往上翘起。

4 左手握住后方右脚掌。

5 另一手也握住后方右脚掌，双手同时将脚掌往身体方向推压。换另一侧重复动作，可重复 1~4 次。

屈膝伸展运动

舒展腿部以及臀部四周的肌肉。

1 双手掌以及膝盖着地，趴跪在地面上。

2 右脚向内侧弯曲，左脚向后伸直。向内弯曲的膝盖朝外，脚踝朝内。

3 左脚小腿往上翘起，左手手掌握住脚掌，将脚踝往内推压。

4 尽量将左脚脚踝碰触到臀部。换另一侧重复动作，可重复1~3 次。

Easy level

可以将身体稍微转向斜侧方，重复动作 2~3 次。

NG

请勿将骨盆与身体往前倾倒。

HealingYoga

● 治愈操　舒缓膝盖运动

半鸽式运动

舒展并放松骨盆、腰部两侧以及手臂的肌肉。

2　右手握住左脚掌，尝试让左手肘扣住右脚背。

1　右脚向内弯曲，左脚向后翘起，左手握住左脚掌。

3 右手往上伸直，以另一只手的手肘固定住脚跟。

4 双手臂弯曲并在身体后方交扣手指。

Easy level

利用毛巾辅助，可以使动作做起来更加轻松。

HealingYoga

● 治愈操　舒缓膝盖运动

卧英雄式运动

膝盖向后弯曲运动，使大腿前侧得到非常好的锻炼。

1 双膝弯曲，跪坐在地面。

2 臀部抬高，小腿往两侧移动。

3 臀部再往后坐，双手辅助脚踝。

4 身体慢慢往后仰，使单边手肘紧贴地面。

5 上半身完全躺下，肩膀以及头部完全紧贴于地面。

6 双臂置于头顶上，双手互握手肘，使胸部完全扩展。

Easy level

双脚轮流弯曲进行，可以使动作做起来更加轻松。

HealingYoga

● 治愈操　舒缓腿部运动

小腿不仅容易疲劳，也因距离心脏比较远，受地心引力的影响，使血液循环趋于缓慢。通过腿部舒缓运动，可以促进血液循环与代谢。

站立前弯式运动

舒展小腿、大腿后侧以及腰部肌肉。

保持自然站立的状态，双臂向上伸直。

动作练习顺序 »

2 上半身向前弯曲，呈半蹲姿势，以手指紧贴在双脚两侧的地面，让上、下半身尽量靠近，双腿保持直线状态。

Easy level

先弯曲膝盖，由大腿后侧往上伸直，待肌肉适应后，再慢慢让膝盖完全展开。

站立头碰膝式运动

后脚跟与地面保持贴合，可以使腿部获得有效的舒展。

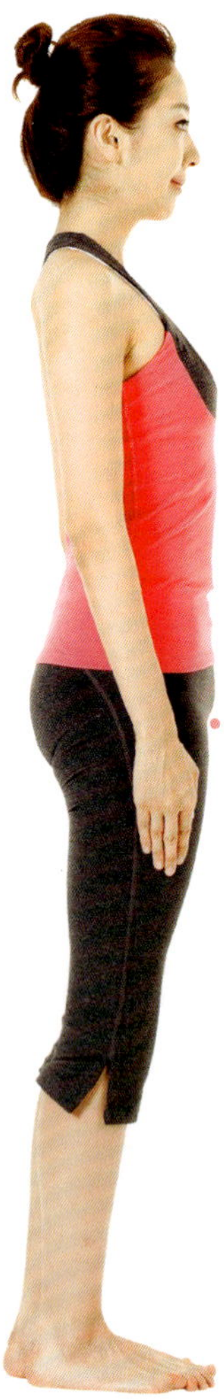

1 保持自然站立的状态。

2 左脚向后跨开一大步，双臂向上伸直。

3 上半身倾向前方，前脚膝盖稍微弯曲，使上半身与腿部尽量贴近，保持双手贴于前脚两侧。

4 前脚膝盖伸直，让头部也尽量靠近前脚。换另一侧重复动作，可重复 1~2 次。

双手臂置于前脚膝盖上，再调整身体前倾的程度，使动作做起来更加轻松。

请勿让骨盆倾斜翻转，脊柱需保持直线状态。

HealingYoga

● 治愈操　舒缓腿部运动

下犬式运动

正确伸展脊柱，后脚跟与地面保持紧密贴合，有效舒展腿部肌肉。

1 双手掌与膝盖着地，趴跪在地面上。

2 伸直膝盖，背部向上抬高，脚尖踮起，以手掌与脚尖支撑在地面上。

3 放下踮起的脚尖，将重心移往脚掌，令背部获得有效的伸展。

动作练习顺序» 

Easy level

后脚跟抬离地面，使动作做起来更加轻松。

NG

请勿将重心置于上半身，也不要内缩肩膀或者拱起背部。

小腿按摩运动

轻柔按摩与舒展水肿、疲劳的小腿。

左脚向内弯曲平放，右脚弯曲竖立于身体前方。

2 双手轻轻按摩小腿肚。

3 将右脚置于左脚上方，双手按摩上方的侧边小腿肚。换另一侧重复动作，可重复1~3次。

HealingYoga

● 治愈操　舒缓臀部运动

长时间久坐会让臀部承受过多的压迫。无论是走路、站立、坐下或是起身，都会使用到臀部肌肉。通过各种臀部瑜伽运动，可以让压力过大的臀部肌肉得以舒缓。

单腿向后伸展运动

锻炼臀部的伸展力量。

2 右脚向内弯曲并置于身体前方，另一只脚向后伸直。

1 双手掌以及膝盖着地，趴跪在地面上。

3 上半身往前俯趴，以手肘支撑地面，慢慢地将腹部以及头部压到最低。换另一侧重复动作，可重复 2~3 次。

Easy level

弯曲位于后方的膝盖，使动作做起来更加轻松。

HealingYoga

● 治愈操　舒缓臀部运动

坐姿臀部锻炼运动

伸展并锻炼臀部肌肉。

1 坐在地上，然后弯曲双膝，竖立于身体前方，但不要并拢。

2 抬起左脚，将脚踝置于右大腿上方。

3 右脚慢慢靠近臀部方向，使置于上方的左小腿碰到身体。换另一侧重复动作，可重复 2 次。

Easy level

保持在步骤 2 的动作，可以减轻动作难度。

NG

请勿耸肩或者弯腰。

仰躺式臀部锻炼运动

舒展臀部深层肌肉。

1 平躺后，将双膝竖起。

2 左脚弯曲后，脚踝置于右脚膝盖上侧。

3 双腿扶住竖立的小腿上方，将右脚往身体方向推压，左小腿靠近胸口。换另一侧重复动作，可重复 2~3 次。

俯身开髋运动

舒展并强化臀部肌肉，同时伸展髋关节与骨盆肌肉。

2 右脚掌前踩至右手掌右侧，左脚伸直。

1 双手掌与膝盖着地，趴跪在地面上。

3 左膝盖跪地，将右脚膝盖往外侧倾斜。

4 再以右手手肘向外推膝盖，加强倾斜的程度，使骨盆感受到一股更强大的伸展力量。

5 身体前俯，双手握拳，以手肘支撑地面。

请勿将臀部往上抬起。

HealingYoga

● 治愈操　舒缓腰部运动

腰部、骨盆以及股关节肌肉的过度紧绷与不正确的姿势，都是造成腰痛的众多原因之一。只要让四周肌肉有效获得缓解，就能改善腰痛的症状。

动作练习顺序» 

抱膝伸展运动

屈膝动作能伸展臀部至颈部的肌肉群。

1 保持自然仰躺姿势，双膝弯曲竖起。

2 双手抱住膝盖，手指交叉互扣，将双脚往身体方向推压。

3 抬起头部，使额头尽可能贴近膝盖。

屈膝转腰运动

转腰运动能舒展脊柱、骨盆以及股关节肌肉。

1 保持自然仰躺姿势，双臂往侧边伸直平放且保持手掌贴地，膝盖弯曲并尽量贴近胸口。

2 膝盖往右，扭转腰部，脸部往反方向转换。另一侧重复动作，可重复2~3次。

HealingYoga

● 治愈操　舒缓腰部运动

抱膝屈体运动

反复的屈体运动，利用地面缓和按摩整个背部。

1 平躺后，双膝弯曲竖起，双手扶住膝盖并且向身体方向推压。

2 小腿上举，稍微展开膝盖后侧。

3 将头部稍微抬起，小腿下压，使重心移往臀部方向。

动作练习顺序»

4 背部慢慢抬起，仅仅以臀部支撑地面。

5 再让背部、头部回到地面，且反复此动作。

Easy level

改以双手扶住大腿后侧，令动作做起来更加轻松。

HealingYoga

● 治愈操　舒缓腰部运动

桥式伸展运动

放松脊柱，同时强化四周肌肉。

1　平躺后，膝盖弯曲竖起，双手手掌紧贴于地面。

2　臀部慢慢抬高离开地面，强化脊柱，扩展胸部。

Easy level

请勿让肩膀往下弯曲缩起。

NG

双手扶住腰，可以使动作做起来更加轻松。

HealingYoga

治愈操　骨盆矫正运动

骨盆倾斜或不正会导致下半身肥胖，矫正骨盆不仅能避免这样的问题，也能使身体维持左右平衡。

牛面式运动

舒展腿部以及骨盆肌肉。

1 保持自然坐姿，膝盖弯曲竖起，手掌放置于两侧地面维持整体平衡。

2 左脚向内曲起，并平放于地面，置于另一只脚下方。

3 双脚互相交叠，使双膝彼此上下交叠，手掌扶住脚掌。

4 上半身往前倾，使头部位于膝盖前方。换另一侧重复动作，可重复 2~3 次。

Easy level

单脚保持竖立，以双手将膝盖往胸口方向推压，可以使动作更加轻松。

NG

请勿使臀部抬离地面或者让脊柱倾斜侧弯。

盘腿俯身运动

是一种比牛面式运动更加简单的伸展运动。

1 保持自然坐姿，膝盖弯曲竖起，手掌扶在地面的两侧以支撑身体。

2 右脚向内曲起，且平放在地面上。

3 左脚也向内弯曲，让左脚后脚跟碰触右膝盖，使两边小腿重叠。

4 双臂向上伸直。

5 身体往前俯趴。

6 手臂伸直，尽可能让上半身紧贴地面。换一侧重复此动作，可重复 2~5 次。

后脚跟无需碰触膝盖，置于大腿内侧即可。

请勿将膝盖向上抬高，俯身的时候，仅需顺势伸展。

骨盆矫正运动

放松股关节、骨盆、膝盖以及脚踝肌肉。

双膝弯曲后，朝左平放于地面。

2 右手插腰，左手手掌贴地，重心移至左手臂，使右手臂逐渐离地。

3 臀部紧贴地面后，将重心移往插腰的方向，使身体往右侧边弯曲。换另一侧重复此动作，可重复 2~3 次。

蝶式运动

舒展髋关节四周以及腿部内侧肌肉。

保持自然坐姿，弯曲膝盖使脚掌相互贴合。

2 双手握住脚尖，手肘张开，身体向前倾，额头紧贴在地面上。

请勿使骨盆向前抬起或者缩起胸部，使肩膀施力过度。

Part 4

放松身体的道具舒展操

利用床铺、椅子、书桌等随处可见的生活家具，与伴侣或好朋友一起进行的伸展运动。即使只有一个人，也能享受运动的乐趣。

ToolYoga

● 道具舒展操　床上运动

上身前俯运动

扭转脊柱的同时锻炼腿部前后肌肉。

1 双手扶住床铺。

2 左右脚前后跨开。

3 上半身压低俯向前方，面朝下。换另一侧重复，可重复 2~3 次。

动作练习顺序 »

脊柱扭转运动

1 双手扶住床，双脚前后跨开，抬起上半身，视线朝前方。

2 左手保持扶住床铺的状态，右手向后上方伸展，同时扭转上半身。换另一侧重复动作，可重复 2~3 次。

上身后仰运动

放松脊柱并且增强下半身的力量，同时达到提臀的效果。

1 右手扶住床铺，右膝跪地。

2 右膝盖尽量向后伸展。

3 左手向头顶方向伸直，同时将上半身向后倾。换另一侧重复此动作，可重复2~3次。

动作练习顺序 »

动作练习顺序»

单脚前伸俯身运动

1 右手扶住床铺，右膝跪地。

2 左脚向前方伸直，脚掌往上勾。

3 上半身压低俯向前方、左手手指扶地，协助支撑。换另一侧重复此动作，可重复2~3次。

上身前俯运动

锻炼大腿后侧肌肉和脊柱。

1 双手扶住桌面，双脚与肩膀同宽。

2 上半身压低俯向前方，保持与地面平行，以伸展肩膀。

动作练习顺序»

动作练习顺序 » 

勇士式1× 侧向伸展运动

锻炼大腿肌肉，同时强化骨盆与腰部两侧。

1 双手扶在桌面上，右脚弯曲置前，左脚伸直置后。

2 左手向上伸直。

3 下半身保持不动，上半身慢慢地向右侧边弯曲。换一边重复此动作，可重复2~3次。

勇士式2 × 侧向伸展运动

锻炼大腿肌肉，同时强化骨盆与腰部两侧。

1 右手扶在桌面上，以勇士式2的姿势，使右脚弯曲，左脚伸直。

2 左手向上伸直。

3 上半身缓慢地向右侧方向弯曲。换另一边重复动作，可重复2~3次。

Easy level

扶在桌面上的手肘稍微弯曲，并往身体方向移动一些，可以使动作做起来更加轻松。

动作练习顺序»

动作练习顺序»

勇士式 1
× 向后伸展运动

锻炼下半身肌肉和脊柱，以达到提臀之效。

1 右手扶在桌面上，右脚弯曲置前，左脚伸直置后。

2 左手向上伸直。

3 上半身慢慢地向后倾斜。换另一侧重复此动作，可重复 2~3 次。

ToolYoga

● 道具舒展操　椅子运动

单脚横放的俯身运动

伸展腿部以及臀部的深层肌肉，同时舒缓下半身的紧绷不适，促进血液循环。

1 正坐在椅子上，请留下大约 1 / 3 的座位空白不要坐。

2 左脚弯曲后，横放在右脚上，左手扶住膝盖，右手握住脚掌。

3 上半身慢慢压低，向前方俯倾。换另一侧重复此动作，重复 2~3 次。

动作练习顺序 »

双膝交叠的转身运动

扭转脊柱能舒展大腿外侧肌肉，同时减缓脊柱的紧绷与不适。

1 像跷二郎腿一样，将右膝叠放在左膝之上。

2 右手向后扶住椅背，上半身向右后方扭转，左手臂轻推右大腿外侧，使身体尽量扭转。换另一侧重复动作，可重复2~3次。

双手合掌仰头伸展运动

充分伸展脊柱，舒缓上半身的疲劳与紧绷。

1 正坐在椅子上。

2 双手于胸前合掌。

动作练习顺序 » 

3 双臂向上伸直，同时将头部向后倾。

后颈以及背部的伸展运动

舒展后颈、肩胛骨与脊柱间的肌肉群，同时缓解背部的疲劳与紧绷。

1 正坐在椅子上。

2 像抱着一个很大的大桶一样，双手向内弯曲并置于胸前。

动作练习顺序 » 

3 上半身压低俯向前方，面朝下。换另一侧重复，可重复 2~3 次。

ToolYoga

● 道具舒展操　椅子运动

握住椅背上身扭转运动

坐在椅子上，就能轻易练习舒展身体的代表性动作。这些动作不仅能促进脊柱的血液循环还能消除疲劳。

1 正坐在椅子上。

2 上半身向右侧扭转，且双手抓住椅背。换另一边重复此动作，可重复 2~3 次。

动作练习顺序» 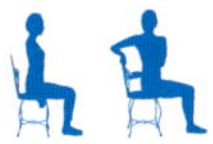

请勿耸肩，上半身也需要保持垂直，不可以歪斜。

ToolYoga

● 道具舒展操　双人运动

双人勇士式1

消除全身疲劳，强化下半身肌肉力量。让伴侣协助完成，此动作难以独自进行。

双脚前后张开后，前脚稍微弯曲，后脚伸直，紧紧握住彼此的双手，且将上半身往后倾。换另一侧重复此动作，可重复 1~2 次。

动作练习顺序»

舒展腰部的互背运动

将全身的重量托付于对方，以脊柱前后弯曲的动作消除疲劳与紧绷感。

1 两人背对背，勾住彼此的手臂。

2 一人先将重心放低，上半身俯向前方，撑起另一个人的身体，弯曲向后弯起。

双脚与肩同宽的倾身运动

增加肩膀与胸部伸展的幅度。

1 双脚与肩膀同宽，上半身压低倾向前方，将双手置于对方肩上。

2 下压对方的肩膀，强化身体的弯曲幅度。

动作练习顺序 »

动作练习顺序 »

侧向伸展的勇士式运动

锻炼骨盆、腰侧以及下半身肌肉。

1 两人的双脚张开，单边脚踝彼此靠拢，双手一上一下，互相紧握。

2 两人同时弯曲外侧膝盖，双手轻拉彼此。

ToolYoga

双人蝶式运动

促进新陈代谢，有助于减轻体重，锻炼腰部、腿部以及骨盆，还能强化腹部肌肉。

单人做出的蝶式动作（P192），紧紧握住彼此的双手，辅助者以脚掌固定对方小腿。

动作练习顺序»

2 紧握辅助者双手，身体向后仰。

3 辅助者握住对方的手臂，将对方拉往自己的身体方向，使对方上半身得到伸展与舒缓。

趴卧的上身后弓运动

锻炼身体中心部位以及手脚肌肉。

趴卧在地面上，手指交叉互扣在头后，辅助者跨站在对方臀部旁边。

动作练习顺序»

2 辅助者抓住对方肩膀，将对方身体往上提拉。

趴卧的下身提高运动

将双脚向上方伸直，是需要另外一个人辅助完成的动作。将腿部血液往上半身方向推送，促进全身血液循环，同时伸展并锻炼脊柱肌肉。

1 趴卧在地面上，手指交叉互扣并置于下巴下方。辅助者站立在对方后方，并握住对方的脚踝。

2 辅助者将对方的脚踝向上抬高。

动作练习顺序 »

3 辅助者慢慢将对方双脚向上抬高，同时往后移动脚步。

生活轻图典，本本都经典！（全14册）

精美高清的全彩图片，严谨科学的实用内容

精致紧凑的装帧设计，打造国内最具影响力的生活图文书品牌！

图解生活书第一品牌 全民养生生活的定义者和引导者

定价：35.00元/本

江苏科学技术出版社

- 人体经络速查轻图典
- 艾灸消百病速查轻典图
- 血糖这样降最有效
- 刮痧消百病速查轻典图
- 血压这样降最有效
- 快速取穴速查轻图典
- 五谷杂粮磨豆浆
- 按摩消百病速查轻图典
- 健康拉伸速查轻图典
- 拔罐消百病速查轻图典
- 三高这样降最有效
- 面诊大全速查轻图典
- 时令养生速查轻图典
- 体质食疗速查轻图典

凤凰含章

新书推荐

用图文诠释现代阅读之美
打造图文生活书畅销品牌

New

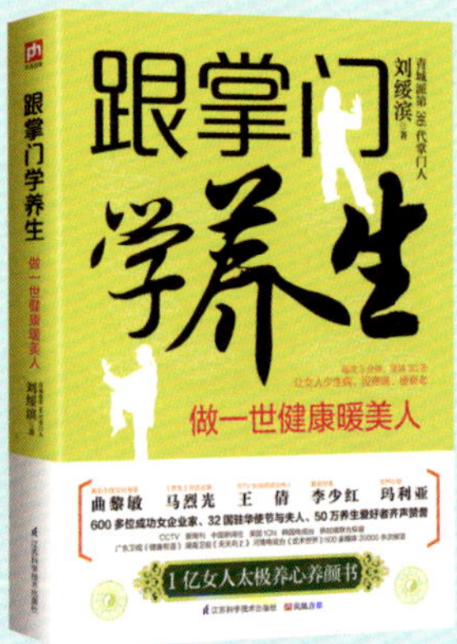

跟掌门学养生：做一世健康暖美人

作 者：刘绥滨
定 价：36.00 元

推广全球 50 余国，数十万人练习推荐
改善女人体质，维持女人正常体温，还女人一世健康

青城派第 36 代掌门人刘绥滨亲授，每次 3 分钟，坚持 30 天，让女人身体好、心情好、睡眠好、缓衰老。不一样的太极养生法，比一般养生术更易入门、更快见效，特别针对女性手脚冰凉、宫寒、脾胃虚、乳腺疾病、子宫疾病，均有干预作用，坚持就能帮助女人预防乳腺癌及其他各类癌症。

一辈子做素颜女孩（修订版）

作 者：［韩］徐东惠
定 价：29.80 元

肌肤改善率 97.2% 的韩国第一美容书！
韩国 MBC、YTN 电视台官方推荐！
世界皮肤外科学会，美国皮肤科学会权威推荐！

来自思密达国的超实用护肤技巧，彻底拯救青春痘、黑眼圈、黑头、红潮、脂肪纹、疤痕……专业医师亲授积淀数年的美容经验，为您提供如何后天养成完美肌肤、素面朝天也美丽动人的一生肌肤保养方案。

30 天练出细腿翘臀小蛮腰

作 者：［韩］黄相普 / 著　蔡文 / 译
定 价：39.80 元

解救长久减肥失败的女人
每天 2 种运动，立减腰围 5 厘米，臀围 7 厘米，大腿围 3 厘米
30 天纤腰细腿蛮腰减肥大计 + 疼痛有效护理方式 + 日常女王塑身法
让女人终身健康有型
韩国形体矫正专家教你塑造完美身体曲线

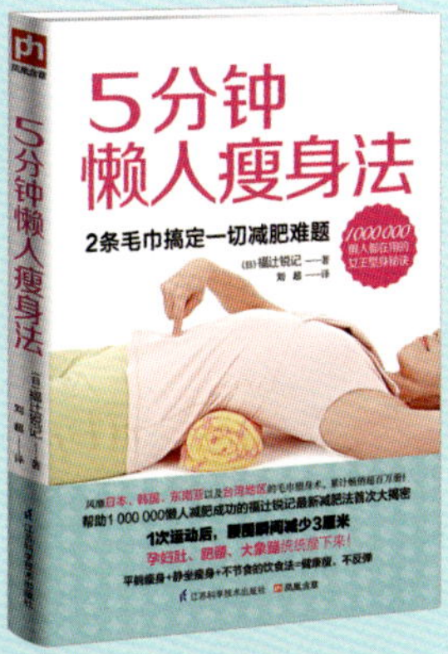

5 分钟懒人瘦身法

作 者：［日］福辻锐记 / 著 刘超 / 译
定 价：32.80 元

平躺瘦身 + 静坐瘦身 + 不节食的饮食法 = 健康瘦，不反弹
孕妇肚、肥腰、大象腿统统瘦下来!

全书以简单的作者自创的毛巾骨盆瘦身枕法为主轴，教你如何用两条毛巾达到躺着、坐着都能瘦的效果。同时还能矫正外扩的骨盆与美体塑形，打造完美的腿部、腰部、腹部以及臀部曲线，让女人不只瘦还能瘦得漂亮。另外作者还在这本书中针对皮肤、筋骨、情绪以及不同器官，设计自我检测单与一套超简单穴道按摩治疗法，让读者依照检测表就能找出自己哪个部位有问题，再配合穴道按摩，每天只要 3 分钟就能有效改善如失眠、便秘、腰痛、肩头僵硬等症状，打造好体质。

90% 的腰痛都能治得好

作 者：［日］伊藤和磨 / 著 张宁 / 译
定 价：32.80 元

《90% 的腰痛都能治得好》以图像解析腰痛的不同原因，提供对症治疗法，以有趣的图解详述从疼痛到痊愈的五个阶段，只要跟着图示操作，持续保持正确的姿势和动作，帮你搞定预防腰痛，骨刺、坐骨神经痛、肩周炎、腰间盘突出……很快就会痊愈。

10 分钟超级名模美瘦操

作 者：［韩］表英珠 / 著 沈言希 / 译
定 价：45.00 元

韩国名模亲身示范 10 分钟超火辣曲线塑造计划
女生最想要的完美曲线塑身秘籍
打造 Q 弹小腹与零赘肉小蛮腰
形塑紧实完美翘臀与纤细匀称大腿
雕琢漂亮健美的双臂与玲珑有致的背腰线条

图书在版编目（CIP）数据

10分钟超级名模美瘦操 / (韩) 表英珠著 ; 沈言希译. -- 南京 : 江苏科学技术出版社, 2014.7
（含章 · 品尚生活系列）
ISBN 978-7-5537-3116-2

Ⅰ. ①1… Ⅱ. ①表… ②沈… Ⅲ. ①女性 - 健身运动
Ⅳ. ①G831.3

中国版本图书馆CIP数据核字(2014)第083499号

파자마 요가

10分钟超级名模美瘦操

著　　者	（韩）表英珠
译　　者	沈言希
责任编辑	樊　明　　葛　昀
责任监制	曹叶平　　周雅婷
出版发行	凤凰出版传媒股份有限公司 江苏科学技术出版社
出版社地址	南京市湖南路1号A楼，邮编：210009
出版社网址	http://www.pspress.cn
经　　销	凤凰出版传媒股份有限公司
印　　刷	北京旭丰源印刷技术有限公司
开　　本	718mm x 1000mm　1/12
印　　张	19
字　　数	150千字
版　　次	2014年7月第1版
印　　次	2014年7月第1次印刷
标准书号	ISBN 978-7-5537-3116-2
定　　价	45.00元

图书如有印装质量问题，可随时向我社出版科调换。